BEI GRIN MACHT SICH IHR
WISSEN BEZAHLT

Methoden im Cognitive Industrial Internet of Things für die Cybersicherheit

Thorsten Bauer

Bibliografische Information der Deutschen Nationalbibliothek:

Die Deutsche Nationalbibliothek verzeichnet diese Publikation in der Deutschen Nationalbibliografie; detaillierte bibliografische Daten sind im Internet über http://dnb.d-nb.de abrufbar.

ISBN: 9783346521118
Dieses Buch ist auch als E-Book erhältlich.

Druck und Bindung: Books on Demand GmbH, Norderstedt Germany
Gedruckt auf säurefreiem Papier aus verantwortungsvollen Quellen

Das vorliegende Werk wurde sorgfältig erarbeitet. Dennoch übernehmen Autoren und Verlag für die Richtigkeit von Angaben, Hinweisen, Links und Ratschlägen sowie eventuelle Druckfehler keine Haftung.

Das Buch bei GRIN: https://www.grin.com/document/1141211

Universität Regensburg
Fakultät für Wirtschaftswissenschaften
Lehrstuhl für Wirtschaftsinformatik I – Informationssysteme

Methoden im Cognitive Industrial Internet of Things für die Cybersicherheit

Theoretisches Seminar

Eingereicht am: 22. Juni 2021

Eingereicht von: Thorsten Bauer
Semester: 2. Mastersemester

Abstract

Im industriellen Bereich entstehen durch die immer stärker wachsende Digitalisierung und Vernetzung von Systemen, wie dem Industrial Internet of Things (IIoT) hochkomplexer cyberphysischer Systeme. Dadurch wird die mögliche Angriffsfläche und damit das Risiko erfolgreicher Cyber-Angriffe vergrößert. Die Cybersicherheitsforschung steht somit vor der großen Herausforderung das Industrial Internet of Things gegen Cyberangriffe zu schützen. Durch das „Cognitive Internet of Things" können IoT-Systeme kontinuierlich und selbständig von den gesammelten Daten und der Interaktion mit ihrer Umwelt lernen und sich dabei ständig verbessern. Diese Lernfähigkeit könnte zur Verbesserung der Cybersicherheit in der Industrie genutzt werden. Die vorliegende Arbeit ist eine systematische Literaturrecherche, die Methoden im Cognitive Industrial Internet of Things für die Cybersicherheit untersucht. Dabei werden zunächst die beiden Begrifflichkeiten Cognitive Internet of Things sowie Cybersicherheit definiert und näher erläutert. Im Anschluss daran erfolgt die Planung der Literaturrecherche bei dem das Programm Citavi zur Literaturverwaltung eingesetzt und eine iterative Vorgehensweise verwendet wird. Danach wird die Suchstrategie mit Ein- und Ausschlusskriterien sowie den Schlüsselwörtern festgelegt. Weiterhin erfolgt die Auswahl der Datenbanken sowie die Selektion geeigneter Literatur und die Aufbereitung der gefundenen Quellen zur weiteren Verfeinerung. Die gefundenen Quellen werden qualitativ beurteilt und extrahiert. Zusammenfassend kann die Literatur in anwendungsorientierte und konzeptorientierte Methoden unterschieden werden. Die anwendungsorientierten Quellen untersuchen anhand wissenschaftlicher Experimente unterschiedliche maschinelle Lernverfahren. Dabei wird beschrieben wie Cyberangriffe und Anomalien in IIoT-Systemen durch Cognitive Computing erkannt werden können. Die konzeptorientierte Literatur hingegen zeigt vor allem Methoden und Ansätze auf, wie aus theoretischer Sicht maschinelle Lernverfahren für den Einsatz von Cognitve IIoT für die Cybersicherheit implementiert werden könnten.

Wissenschaftliche Schlagwörter:

Literaturrecherche, Methoden, Cognitive Industrial Internet of Things, Cybersicherheit

Inhaltsverzeichnis

Abbildungsverzeichnis

Tabellenverzeichnis

Abkürzungsverzeichnis

Abkürzung	Bedeutung
ACM	Association for Computing Machinery
AE	Auto Encoder
AISeL	Association for Information Systems eLibrary
ANN	Artificial Neural Network
CIoT	Cognitive Internet of Things
CSV	Comma separated Values
DRaNN	Deep Random Neural Network
DT	Decision Tree
HDRaNN	Hybrid Deep Neural Network
HMM	Hidden Markov Modell
IDS	Intrusion Detection System
IEEE	Institute of Electrical and Electronics Engineers
IIoT	Industrial Internet of Things
IoT	Internet of Things
KI	Künstliche Intelligenz
KNN	K-Nearest Neighbor
KMU	Kleine und mittelständige Unternehmen
LR	Logistic Regression
LSTM	Long Short Term Memory
ML	Machine Learning
MLP	Multi Layer Perceptron
RaNN	Random Neural Network

RNN	Recurrent Neural Networks
SVM	Support Vector Machine
VAE	Variational Auto Encoder
WHO	World Health Organization

Kapitel 1

1. Einleitung

In diesem Kapitel wird das zugrunde liegende Problem von Cybersicherheitsvorfällen im Industrial Internet of Things aufgezeigt.

1.1 Problemstellung

Am 11. März 2020 stufte die Weltgesundheitsorganisation (WHO), die durch das Coronavirus SARS-CoV-2 verursachte Krankheit, COVID-19 als Pandemie ein. Der durch die Pandemie verursachte Digitalisierungsschub hat die mögliche Angriffsfläche und damit das Risiko erfolgreicher Cyber-Angriffe vergrößert [Bun20]. Folglich erleichtert dieser negative Trend die Ausnutzung von Sicherheitslücken für Cyber-Kriminelle [Fed20]. Gleichzeitig führt die Zunahme der Anzahl und Vielfalt intelligenter und vernetzter Objekte zu Komplexität von Cyber-Angriffen und somit zu erheblichen Herausforderungen für die Cybersicherheit [AC18]. Dadurch entstehen, allen voran im industriellen Bereich, vernetzte hochkomplexe Cyber-Physische-Systeme, wie das Industrial Internet of Things (IIoT), in denen die Grenze zwischen digitaler und physikalischer Welt verschwinden [Neu17]. Diese vernetzten Geräte sind in der Regel auf eine effiziente Kommunikation untereinander ausgelegt und können aufgrund niedriger Sicherheitsstandards nicht das gleiche Sicherheitsniveau wie normale Computer erfüllen [THC+20]. Dadurch werden die potenziellen Auswirkungen von erfolgreichen Cyber-Angriffen vergrößert [Neu17]. Die Cybersicherheitsforschung steht somit vor der großen Herausforderung das Industrial Internet of Things gegen Cyberangriffe zu schützen. In den vergangenen Jahrzehnten waren traditionelle Ansätze zur Erkennung von Cyber-Angriffen auf Basis maschineller Lernverfahren bereits sehr erfolgreich [AC18]. Vor diesem Hintergrund kann folgende Frage gestellt werden: Welche Methoden können im Cognitive Internet of Things für die Cybersicherheit in der Industrie eingesetzt werden?

1.2 Forschungsfrage

Die größten Herausforderungen für das Industrial Internet of Things sind Cybersicherheits- und Datenschutzprobleme [TS17]. Durch den Einsatz von Cognitive Internet of Things (CIoT) können IoT-Systeme kontinuierlich und selbständig von gesammelten Daten und der Interaktion mit ihrer Umwelt lernen und sich dabei ständig verbessern [PBB18]. Diese Lernfähigkeit könnte zur Verbesserung der Cybersicherheit im industriellen Bereich genutzt werden. Demnach lässt sich folgende zentrale Forschungsfrage stellen:

- Welche Methoden werden in der wissenschaftlichen Literatur für den Einsatz im Cognitive Industrial Internet of Things für die Cybersicherheit vorgeschlagen?

Insbesondere werden maschinelle Lernverfahren und Ansätze von CIoT für die Cybersicherheit im industriellen Bereich analysiert. Anhand dieser Forschungfrage kann aufgezeigt werden, welche Methoden im Cognitive Industrial Internet of Things für die Sicherheit gegen potenzielle Cyber-Angriffe eingesetzt werden können.

1.3 Cognitive Internet of Things

Das heutige Internet of Things (IoT) konzentriert sich im Allgemeinen darauf, seine Umgebung zu erfassen, entsprechend zu reagieren und über das Internet vernetzt zu sein [PSP18]. Die Entscheidungen der an IoT angeschlossenen Geräte basieren häufig auf vorprogrammierten Modellen und führen zu keiner echten Zusammenarbeit [Sat16]. Erst die Erweiterung des IoT durch Cognitive Computing, ermöglicht es eine dynamische Interaktion verbundener Objekte, die sich durch kontinuierliches Lernen aus der Umgebung an den aktuellen Kontext anpassen können [PBB18]. Die Forscher PRAMANIK ET AL. beschreiben den Begriff Cognitive Internet of Things (CIoT) wie folgt:

"In short, CIoT will augment the current IoT with the added cognitive ability very much similar to human cognition." [PSP18]

Ziel von CIoT ist es, IoT-basierte Systeme um Cognitive Computing zu erweitern und somit die Zusammenarbeit und Interaktion zwischen IoT und Menschen zu ermöglichen [MED17]. Um ein tiefergehendes Verständnis für den Begriff Cognitive Internet of Things zu entwickeln, werden die beiden Begriffsbestandteile Cognitive Computing und Internet of Things im Folgenden näher erläutert.

1.3.1 Cognitive Computing

Der Begriff „kognitiv" stammt vom lateinischen Wort „cognito", was so viel bedeutet wie „zu denken" [PSP18]. OSIFEKO ET AL. beschreiben den Begriff Kognition als die mentalen Aktivitäten des Denkens, Sammelns von Informationen, Beurteilen, Ziehen von Schlussfolgerungen und Lösen von Problemen, die für den Erwerb von Wissen und Verständnis erforderlich sind [OHA20]. Cognitive Computing unterscheidet sich grundlegend von frühreren Formen des Rechnens [PSP18]. Es werden Daten aus sehr unterschiedlichen Quellen unter der Verwendung von maschinellen Lernverfahren automatisiert ausgewertet und darauf aufbauend Handlungsempfehlungen und Prognosen abgeleitet [Neu17]. Unter anderem wird eine Mischung aus Verfahren von maschinellen Lernverfahren, kognitivem Sehen, Denken sowie Lernen und weiteren angewendet [DEH11]. Dabei lernen kognitiv arbeitende Systeme kontinuierlich und selbständig durch gemachte Erfahrungen, den gesammelten Daten und der Interaktion mit Menschen [PSP18]. Mit diesen dauerhaften Lernprozessen wird erreicht, dass kognitive Systeme niemals veraltet sind. Somit wird die Fehlerquote verringert und die Qualität der Analyse wie auch Vorhersage verbessert [PSP18]. Zusammenfassend geht es bei Cognitive Computing darum, Computersysteme wie ein menschliches Gehirn agieren zu lassen, welches kontinuierlich durch die Interaktion mit der Umwelt dazulernt.

1.3.2 Internet of Things

Das Internet of Things, zu deutsch „Internet der Dinge", beschreibt eine Technologie, welche auf einem Netzwerk basiert, dass aus ressourcenbeschränkten cyberphysischen Systemen besteht [OHA20]. Im Allgemeinen wird zwischen IoT der Verbraucher und der Industrie unterschieden [Car19]. Das industrielle Internet der Dinge (IIoT) vereint Sensoren, Maschinen, industrielle Anwendungen, Datenbanken und Menschen bei der Arbeit. Obwohl das IIoT meh-rere Merkmale mit dem IoT der Verbraucher teilt, verfolgen beide Netzwerke unterschiedliche Einsatzzwecke. Im Gegensatz zu Consumer-IoT-Lösungen, die von einem einzelnen Benutzer für einen einzigen Zweck verwendet werden, werden IIoT-Lösungen in der Regel in größere Betriebssysteme integriert. [LZI+20] In Abbildung 1 werden unterschiedliche Einsatzgebiete von Industrial IoT und Consumer IoT dargestellt.

Anmerkung der Redaktion: Diese Abbildung wurde aus urheberrechtlichen Gründen entfernt.

Abb. 1 Einsatzgebiete von Industrial IoT und Consumer IoT [Car19]

Eine allgemein gültige Definition für IoT findet sich in der wissenschaftlichen Literatur nicht. Demnach wird im Folgenden eine Begriffsdefinition auf Basis verschiedener wissenschaftlichen Quellen vorgenommen. PATEL & DOSHI definieren IoT als eine selbstkonfigurierende Infrastruktur, die auf entsprechenden Standards und Protokollen basiert, damit „Internet" und „Things" zu „Interconnected Things" zusammengefasst werden kann [PD19]. Dabei umfasst der Begriff "Things" eine Gerätevielfalt von Kühlschränken, Mikrowellen und Autos bis hin zu Smartphones, Laptos sowie Serveranlagen [SPS+15]. Diese IoT-Geräte unterscheiden sich von herkömmlichen Geräten insofern, als dass diese mit der physischen Welt interagieren und nicht mit herkömmlichen Mitteln aufgerufen, überwacht und verwaltet werden können [GQ20]. SHREYAS & KUMAR verstehen unter IoT ein Netzwerk von Netzwerken, die verschiedene Geräte umfassen und miteinander verbunden sind, um Informationen zu erstellen, zu sammeln und auszutauschen [SK20]. Die unterschiedlichen Geräte können dabei ohne menschliches Eingreifen miteinander kommunizieren, Informationen austauschen oder Entscheidungen untereinander koordinieren [MM20].

1.4 Cybersicherheit

Ende des 20. Jahrhunderts wurde das Konzept der heutigen Cybersicherheit in unserer modernen und vernetzten Gesellschaft geprägt [Wic20]. Hinter dem Begriff Cybersicherheit verbirgt sich ein weit gefasster Begriff, welcher sich auf Maßnahmen bezieht, die im Allgemeinen von öffentlichen und privaten Stellen ergriffen werden, um die Sicherheit der Online-Kommunikation und IT-Ressourchen zu gewährleisten [Kul20]. Dabei stellt die Cybersicherheit mit Cyberangriffen einen neue Art von Bedrohungen in den Mittelpunkt [Wic20]. Cybersicherheitsbedrohungen umfassen computerbasierte Gefahren in Form von Viren, Trojanern sowie gezielten Angriffen von organisierten Gruppen (Hackern) oder Schadsoftware oder Ähnliches [Kul20; Wic20]. Die Angreifer versuchen damit das geplante Funktionieren der Datenverarbeitung von Computern und den Datenaustausch mit anderen Rechnern zu manipulieren [Wic20]. Mithilfe von Sicherheitsmechanismen in herkömmlichen Cybersicherheitsarchitekturen wird versucht die klassischen Schutzziele der IT-Sicherheit Integrität, Vertraulichkeit und Verfügbarkeit zu sichern [TS17]. Um die Integrität zu gewährleisten werden Maßnahmen eingesetzt, um IT-basierte Systeme (Hard- und Software) vor Manipulation zu schützen. Darüber hinaus werden Konzepte und Verfahren angewendet, um die Vertraulichkeit sensibler Informationen und den Schutz der Privatsphäre sowie die Verfügbarkeit von Funktionen und Diensten zu sichern. [Neu17] Zusammenfassend lässt sich feststellen, dass Cybersicherheit größtenteils aus Abwehrmethoden besteht, mit denen potenzielle Eindringlinge entdeckt und drohende Cyberangriffe vereitelt werden sollen [Kem03].

1.5 Forschungsumfang

Die vorliegende Arbeit untersucht die wissenschaftliche Literatur nach Methoden, die zum Einsatz im CIoT für die Cybersicherheit vorgeschlagen werden. Dabei wird der Fokus auf den industriellen Bereich gelegt und somit die Verbraucherseite ausgeschlossen. Weiterhin richtet sich diese Arbeit gleichermaßen an Forscher wie auch an Unternehmen, die den aktuellen Status Quo von Methoden im Cognitive Industrial Internet of Things für die Cybersicherheit bewerten möchten. Zudem gibt es keine weiteren Einschränkungen hinsichtlich der maschinellen Lernverfahren für Cognitive Computing. Die Forschung ist motiviert von der Idee, dass Cognitive Internet of Things die Cybersicherheit in der Industrie verbessern kann. Bei dieser Untersuchung wird nicht bewertet, in welchem Umfang CIoT die Cybersicherheit im industriellen Bereich verbessern kann, sondern welche Methoden die wissenschaftliche Literatur vorschlägt.

1.6 Aufbau der Arbeit

Die vorliegende Arbeit ist in drei Kapitel aufgeteilt. Der Aufbau dieser Arbeit entspricht der methodischen Vorgehensweise der Forschungsarbeit. Bei der Vorgehensweise wird auf eine theoriegeleitete Grundstruktur gesetzt. Damit ist gemeint, dass bereits die Definition des Untersuchungsfeldes auf theoretischem Wissen aufbaut. Im ersten Kapitel (1. Einleitung) wird zunächst die Problemstellung erläutert und darauf aufbauend die Forschungsfrage abgeleitet. Weiterhin werden die thematischen Begrifflichkeiten Cognitive Computing, Internet of Things und Cybersicherheit umfassend beschrieben. Darauffolgend wird der Forschungsumfang sowie der Aufbau der Arbeit beschrieben. Im Anschluss daran wird im zweiten Kapitel (2. 2. Status Quo: Methoden im Cognitive IIoT für die Cybersicherheit) eine systematische Literaturrecherche durchgeführt. Dabei wird die wissenschaftliche Literatur anhand der Forschungsfrage nach Methoden im Cognitive Industrial Internet of Things für die Cybersicherheit untersucht. Weiterhin werden die Suchmethode, Datenbanken sowie Ein- und Ausschlusskriterien, die bei der Suche verwendet werden, beschrieben. Hierzu werden geeignete Methoden und Techniken angewendet, um eine möglichst große Abdeckung der aktuellen Literatur zur ausgehenden Forschungsfrage abzudecken. Nach der Literaturrecherche werden die Ergebnisse erfasst und ausgewertet. Hierbei werden die Literaturquellen nach den vorher definierten Ein- und Ausschlusskriterien selektiert. Im nächsten Schritt wird die Qualität der ausgewählten Quellen beurteilt und extrahiert. Danach erfolgt die qualitative Synthese der Literatur anhand zuvor definierter Kategorien. Schließlich werden die Kernaussagen der Literaturrecherche zusammengefasst sowie ein Überblick in Form einer Konzeptmatrix gegeben. Im dritten Kapitel (3. Diskussion, Zusammenfassung und Ausblick) werden die Ergebnisse der Literaturrecherche diskutiert, wichtige Erkenntnisse zusammengefasst sowie ein Ausblick für weitere Forschung dargestellt.

Kapitel 2

2. Status Quo: Methoden im Cognitive IIoT für die Cybersicherheit

In diesem Kapitel wird der Status Quo von Methoden von Cognitve Industrial Internet of Things für die Cybersicherheit in einer systematischen Literaturrecherche analysiert.

2.1 Planung der Literaturrecherche

Die vorliegende Arbeit ist eine Literaturübersicht und zielt darauf ab frühere Forschungsergebnisse zusammenzufassen [BG03; WW02]. Dadurch sollen kritische Wissenslücken identifiziert und Wissenschaftlicher für zukünftige Forschungen ermutigt werden [RS04; WW02]. Diese Arbeit ist eine eigenständige Forschungsarbeit und wird ausgehend von der vorher definierten Forschungsfrage entwickelt [Rho11]. Daher zielt diese Arbeit auf die Beschreibung ab und ist vollständig konzeptzentriert, das bedeutet, das Forschungsgebiet wird systematisch anhand von Konzepten erläutert [WW02]. Durch die Überprüfung früherer und neuer Arbeiten ist es möglich, Forschungslücken zu identifizieren, in denen weitere Forschung erforderlich wäre [RS04]. Zusammenfassend handelt es sich bei der vorliegenden wissenschaftlichen Arbeit um eine beschreibende, konzeptorientierte, eigenständige und qualitative Literaturrecherche.

Der Schlüssel einer Literaturrecherche ist die Planung der Suche [BG03]. Daher ist darauf zu achten, dass Transparenz sowie Systematik im gesamten Prozess geben sind, um so Verzerrungen, Fehler und Fehlinterpretationen zu vermeiden [Rho11]. Aufgrund der genannten Punkte wird ein systematischer Ansatz angewendet, der eine schrittweise Erklärung, Reproduzierbarkeit und Nachvollziehbarkeit sicherstellt [BG03]. Um relevante Literatur zu identifizieren, schlagen verschiedene Autoren die Verwendung eines Protokolls vor, in der alle relevanten Informationen gesammelt werden [Rid12; OS09; WFW13]. Dadurch lässt sich die geplante Forschung genauer analysieren und nachvollziehen. Als Unterstützung wird zusätzlich das Programm Citavi zur Literaturverwaltung verwendet, um alle Referenzen zusätzlich in einem digitalen Format abzubilden. Darüber hinaus wird eine Liste mit allen gefunden Quellen geführt, um der Methodik eines Protokolls zu entsprechen [Rid12]. Dabei wird diese Liste bei jedem weiteren Verarbeitungsschritt kopiert, bleibt somit schlüssig und gewährleistet die Nachvollziehbarkeit sowie Transparenz. In dieser Arbeit wird eine iterative Vorgehensweise verwendet, welche im weiteren Verlauf eine entsprechende Verfeinerung der Ergebnisse bietet [BG03].

2.2 Vorauswahl und Selektion der Literatur

Zu Beginn einer Suche empfehlen WOLFSWINKEL ET AL. einen klaren Umfang zu definieren, um auf dieser Grundlage geeignete Literatur zur Forschungsfrage zu erhalten und gleichzeitig inadäquate Quellen auszuschließen [WFW13]. Hierfür müssen im nächsten Schritt Ein- und Ausschlusskriterien auf Basis der interessierenden Variablen innerhalb der Forschungsfrage festgelegt werden [Rho11; WFW13]. Basierend auf der Filterung der Einschluss- und Ausschlusskriterien und dem Umfang des Forschungsfeldes, wird eine Liste aller wahrscheinlichen entsprechenden Quellen erstellt [WFW13]. Durch die strenge Planung und Durchführung der Literaturrecherche wird sichergestellt, dass eine sinnvolle Menge an Literatur ausgewählt wird [vSN+09]. In den folgenden Abschnitten wird zunächst die Suchstrategie erläutert und darauf aufbauend die Literatursuche in den ausgewählten Datenbanken beschrieben.

2.2.1 Suchstrategie

Nach GASH & ALDERSHOT umfasst eine Suchstrategie alle Phasen einer systematischen und vollständigen Suche nach unterschiedlichen Arten von Veröffentlichungen, um möglichst viel Literatur zu einem Thema zu identifizieren [GA00]. Die Strategie dieser Arbeit folgt einem systematischen Vorgehen bei dem zu Beginn Ein- und Ausschlusskriterien sowie Schlüsselwörter festgelegt werden [Rho11]. Der Fokus der Recherche liegt auf Artikeln in Journalen, die ein Peer-Review-Verfahren verwenden, sowie auf Tagungsbänden guter Konferenzen [vSN+09; YT06]. Bei der Suche wird allerdings nicht auf eine bestimmte Forschungsmethodik oder Menge an Journalen wie auch geographischen Regionen eingeschränkt [WW02]. Es wird ausschließlich englischsprachige Literatur berücksichtigt. Bei der Stichwortsuche, das heißt unter Verwendung eines bestimmten Wortes oder bestimmter Phrasen (Schlüsselwörter), wird nach einer bestimmten Kategorie durchsucht, z.B. nach Schlüsselwörtern, Titel und Zusammenfassung der Dokumente [YT06]. Die Forschungsfrage wird mithilfe des PICO-Frameworks in Schlüsselwörter aufgeteilt [EF18]. Daraus entsteht das Suchvokabular mit den folgenden Phrasen:

("Cognitive Computing" OR "Cognitive Internet of Things" OR "Artificial intelligence" OR "machine learning" OR "Cognitive IoT") AND ("Cybersecurity" OR "Cognitive Security") AND ("Smart Manufacturing" OR "Industrial IoT" OR "Industrial Internet of Things")

Die Begriffe Industry 4.0 und Industrial Transformation werden nicht verwendet, da diese sehr allgemeiner Natur sind.

2.2.2 Auswahl der Datenbanken

Literaturquellen können Zeitschriften, Konferenzberichte, Bücher oder Datenbanken sein [Rho11]. Weiterhin kann nach unterschiedlichen Quellen in Bibliotheken, Suchmaschinen sowie Onlinedatenbanken bzw. Indexierungsdiensten gesucht werden [RS04]. Um eine möglichst vollständige Abdeckung des Suchergebnisses zu erhalten werden spezifische Datenbanken durchsucht [Rho11]. Nach YAIR & TIMOTHY [YT06] und SCHRYEN [Sch15] wurden einige der erwähnten Datenbanken für eine möglichst vollständige Abdeckung der Suchergebnisse ausgewählt. Darüber hinaus wurden weitere Datenbanken domänenspezifisch hinzugefügt. Es wurden folgende Datenbanken ausgewählt: ACM, AISeL, IEEE, IEEE Xplore, Science Direct und Springer Link. Das Ergebnis der Datenbanksuche wird in der Tab. 1 dargestellt.

Tab. 1 Ergebnis der mit dem Suchvokabular ausgewählten Datenbanken

Datenbank	Link	Ergebnis
ACM	https://dl.acm.org/	34
AISeL	https://aisel.aisnet.org/	10
IEEE	https://computer.org	58
IEEE Xplore	https://ieeeplore.ieee.org/Xplore/home.jsp	50
Science Direct	https://www.sciencedirect.com/	204
Springer Link	https://link.springer.com/	397

Insgesamt wurden bei der Suche 753 Ergebnisse potenzieller Literatur gefunden. Zu Beginn wurden die identifizierten Literaturquellen aus den unterschiedlichen Datenbanken in ein einheitliches CSV-Format konvertiert. Danach wurde eine Konsistenzprüfung durchgeführt, um sicherzustellen, dass alle Artikel tatsächlich enthalten sind. Weiterhin erfolgte eine Konsolidierung und Migration zu einem einheitlichen Datenformat in dem Tabellenkalkulationsprogramm Microsoft Excel. Darüber hinaus wurden Duplikate herausgefiltert und entfernt. Im Anschluss daran wurde auf Grundlage der Titel diejenigen Quellen entfernt, die keine hinzureichende

Übereinstimmung mit der Forschungsfrage darstellten [Rho11]. Daraus resultierte eine Liste mit 90 Einträgen. Im Anschluss daran wurde der Abstract sowie die Zusammenfassung der übrig gebliebenen Literaturquellen analysiert [Rho11]. Weiterhin wurde die Literatur, die aus einer anderen Domäne stammte und keine Beziehung zu der Forschungsfrage hat, wie z.b. Smart City, Consumer IoT oder Blockchain ausgeschlossen. Das Ergebnis der Vorauswahl und Selektion der Literaturrecherche wird in der Tab. 2 dargestellt.

Tab. 2 Ergebnis Literaturrecherche Methoden im Cognitive IIoT für die Cybersicherheit

Datenbank	Ergebnis	Relevantes Ergebnis
ACM	34	2
AISeL	10	1
IEEE	58	3
IEEE Xplore	50	5
Science Direct	204	0
Springer Link	397	4

Schließlich wurde für die verbleibenden 15 Literaturquellen der Volltext erworben. Das vollständige Verfahren ist ausführlich im Anhang A 1 dargestellt.

2.3 Qualitätsbeurteilung und Datenextraktion

Nach der Vorauswahl und Selektion der Literatur folgt im nächsten Schritt die Extraktion der Daten. Entscheidend für die Extraktion ist, ob die selektierte Literatur relevant, glaubwürdig und im Wesentlichen von solider methodischer Gestaltung ist [Rho11]. Die verbliebenden Artikel sind relevant, da diese anhand der Forschungsfrage auf deren Eignung hin überprüft wurden. Darüber hinaus stammen die Quellen aus renommierten Datenbanken, womit die Artikel als glaubwürdig angesehen werden. Aufgrund der guten Datenbasis wird davon ausgegangen, dass die Artikel im Wesentlichen von solider methodischer Gestaltung sind.

Nach der Qualitätsbeurteilung können die Daten zur Forschung extrahiert werden. Dabei muss festgelegt werden, welche Informationen gesammelt werden sollen. Die Forschungsfrage zielt darauf ab, welche Methoden im Cognitive IIoT für die Cybersicherheit vorgeschlagen werden. Hierzu erfolgt eine Kategorisierung, nach anwendungsorientierten oder konzeptorientierten Methoden und Ansätzen sowie nach den verwendeten maschinellen Lernverfahren. Die Datenextraktion der selektierten Literatur wird anhand folgendem Muster vorgenommen: 1)

Beschreibung der Methoden und Ansätze anwendungsorientiert oder konzeptorientiert, 2) Art des maschinellen Lernverfahrens

2.4 Qualitative Synthese der extrahierten Daten

Bei der Synthese werden Beziehungen zwischen den in der Analyse identifizierten Artikeln hergestellt und diese in eine neue oder andere Anordnung gebracht [Har14]. Das Ziel besteht darin, die für ein bestimmtes Konzept überprüfte Literatur zu einem Ganzen zusammenzufassen, das die Summe seiner Teile übersteigt [YT06]. Dabei kann die Synthese qualitativ oder quantitativ sein. Es wird eine qualitative Synthese der extrahierten Daten vorgenommen. Aufgrund der iterativen Vorgehensweise (siehe Abschnitt 2.1) hat sich die Kategorisierung zwischen Extraktion und Synthese häufig geändert, um sich schließlich sehr fein granular dazustellen. Das Extraktionsmuster in Abschnitt 2.5 entspricht dem endgültigen Stand. In den folgenden Abschnitten werden die relevanten Artikel zusammengefasst. Dabei erfolgt eine Aneinanderreihung von Zusammenfassungen der Arbeiten [Rho11]. Die Quellen werden in Bezug auf Methoden im Cognitive Industrial Internet of Things für die Cybersicherheit untersucht. Darüber hinaus werden die Artikel anhand des finalen Extraktionsmusters in Kategorien eingeordnet.

2.4.1 Anwendungsorientierte Methoden

Ein Intrusion Detection System (IDS) zur Erkennung von Ransomware-Angriffen in IIoT-Systemen basierend auf einem symmetrischen unbeaufsichtigten Neural Network wird von AL-HAWAWREH & SITNIKOVA dargestellt [AS19]. Mithilfe eines Variational Auto Encoder (VAE) auf Basis von statistischen Wahrscheinlichkeitsmodellen lernte das Neural Network automatisch die latente Datenstruktur und reduzierte zusätzlich die Datendimension. Dabei zeigte es seine Effizienz im Umgang mit einigen Datenbeobachtungen und bei der Unterstützung des Lernprozesses aus dem Datenerweiterungsprozess, der mit VAE generiert wurde. Die Fähigkeit mit unausgeglichenen Daten umzugehen ist ein weiterer Vorteil dieser Lernmethode. Zusammenfassend wurde gezeigt, dass das vorgeschlagene Modell Ransomware-Aktivitäten identifizieren kann und im Vergleich zu klassischen maschinellen Lernverfahren eine höhere Erkennungsrate erzielt. [AS19]

Zur Erkennung von Cyberangriffen in IIoT-Systemen wird ein neuartiges Hybrid Deep Neural Network (HDRaNN) in diesem Artikel vorgestellt. Das HDRaNN besteht aus einem Deep-Random Neural Network (DRaNN), einer Multi Layer Perceptron (MLP) und vier hochmodernen Deep-Learning-Algorithmen. Auf Basis zweier IIoT-Datensätzen wurde die neue Klassifizierungsmethode anhand bestimmter Leistungsmetriken bewertet. Zusammenfassend ist die Leistung des vorgeschlagenen HDRaNN für beide getesteten Datensätze im Vergleich zu anderen Deep-Learning-Methoden überlegen. Nach Meinung der Autoren, kann der vorgeschlagene Ansatz je nach Anforderung der Benutzer flexibel in ein IIoT-Netzwerk eingebunden werden. Hierfür sprechen die problemlose Implementierung auf Einplatinencomputer sowie die Energieeffizienz des Deep Learning Algorithmuses. Allerdings geben die Autoren an, dass das HDRaNN nicht direkt auf Geräten mit geringer Leistung trainiert werden kann. [HLA+21]

Zur Erkennung von Insiderangriffen wird in dieser Arbeit ein generisches Framework für die Erkennung von Cyber-Bedrohungen auf Basis von Hidden Markov Modellen (HMM) dargestellt. Das Modell kann zwischen normalen und abnormalen Transaktionen in IIoT-Systemen unterscheiden. Das Framework wurde mittels eines selbst erstellten Datensatzes anhand von Leistungsmetriken evaluiert. Die Ergebnisse des vorgeschlagenen Modells zeigen eine sehr hohe Genauigkeit mit über 99,98% im Vergleich zu anderen maschinellen Lernverfahren. [KA20]

In dieser Studie wurde ein Deep Q-Learning Modell mit einem Long Short Term Memory (LSTM) als aktive Deep Learning Methode vorgestellt, um schädliche Anwendungen in IIoT-Umgebungen zu klassifizieren. Dabei werden aktive Lernstrategien verwendet, die an gekennzeichneten Beispielen trainiert werden, um die Klassifizierungsaufgabe auszuführen. Zur Vorverarbeitung der Daten wurde ein Auto-Encoder sowie eine Phasenraumeinbettung unter Verwendung statischer und dynamischer Eigenschaften verwendet. Es wurde ein öffentlich verfügbarer IIoT-Datensatz zum Testen verwendet. Das vorgeschlagene Verfahren kann effektiv für sichere und robuste IIoT-Systeme verwendet werden, da es weniger gekennzeichnete Beispiele zum Lernen benötigt. Einschränkend bewertet derzeit diese Studie das vorgeschlagene Verfahren anhand binärer Klassifizierung, kann jedoch auf komplexere Aufgaben wie die Klassifizierung mehrerer Klassen erweitert werden. [KK21]

Der Autor KRUNDYSHEV hat die Möglichkeit analysiert, ein Neural Network mit LSTM zur Erkennung von Cyber-Bedrohungen in der Netzwerkinfrastruktur IIoT-Systeme zu verwenden. LSTM-Netzwerke gehören zur Klasse der wiederkehrenden Netzwerke, deren Hauptmerkmal darin besteht, dass der aktuelle Zustand des Neurons solcher Netzwerke vom vorherigen Zustand abhängt. Das neuronale Netzwerkmodell wurde mittels Simulationen getestet. Dabei wurde die Wirksamkeit des LSTM experimentell bestätigt. Durch die Verwendung des Speichereffekts kann das wiederkehrende LSTM-Netzwerk selbständig dazu lernen. [Kru20]

Ein Deep Random Neural-Network für ein Intrusion Detection System in IIoT-Systemen wird in diesem Artikel dargestellt. Die Entwicklung des vorgeschlagenen DRaNN-basierten IDS wird ausführlich beschrieben. Im weiteren Verlauf wurde die vorgeschlagene Methode unter Verwendung eines IIoT-Sicherheitsdatensatzes der neuen Generation anhand dreier Leistungsmetriken bewertet. Dabei klassifizierte dieses Modell erfolgreich neun verschiedene Arten von Angriffen mit einer Gesamterkennungsrate von 99,41%. Zusammenfassend erbringt die Methode eine höhere Leistung im Vergleich zu hochmodernen Deep Learning Methoden zur Intrusion Detection. [LIZ+20]

Die Autoren SMACHE ET AL. stellen eine neuartige Methode vor, die auf Algorithmen des maschinellen Lernens zur Erkennung von IIoT-Synchronisationsangriffen basiert. Bei der Forschung wurden sechs Algorithmen für maschinelles Lernen ausgewählt, um festzustellen, ob die Auswahl des Klassifikators einen Einfluss auf die Erkennung hat. Hierzu wurden die Methoden Support Vector Machine (SVM), Decision Tree (DT), Artificial Neural Network (ANN), K-Nearest Neighbor (KNN), Logistic Regression (LR) und Auto Encoder (AE) unter Verwendung eines selbst generierten Datensatzes anhand verschiedener Leistungsmetriken bewertet. Weiterhin wurde ein Vergleich zwischen den Algorithmen für maschinelles Lernen durchgeführt, um den genauesten und effizientesten Algorithmus zur Erkennung von IIoT-Synchronisationsangriffen auszuwählen. [SOF+19]

Der Artikel beschreibt ein Random Neural Network (RaNN) als Technik zur Erkennung zahlreicher Angriffe und Anomalien in industriellen IoT-Systemen. Dabei wird die Klassifizierungsmethode mit einem öffentlich verfügbaren Datensatz der neuen Generation von IIoT-Datensätzen anhand unterschiedlicher Leistungsmetriken auf Genauigkeit und Effizienz bewertet. Im Vergleich zu anderen maschinellen Lernmethoden erkennt das vorgeschlagene RaNN Angriffe mit einer höheren Genauigkeit von mehr als 99% und einer Vorhersagezeit von 34,51 Millisekunden. Die Genauigkeit der vorgeschlagenen RaNN-basierten Vorhersage war höher als die anderer Algorithmen für maschinelles Lernen wie z.B. ANN, SVM und DT. In dieser Studie wurde auch die mögliche Hardwarebereitstellung des Angriffserkennungssystems erörtert. Einschränkend muss erwähnt werden, dass die vorgeschlagene Methode nur an einem einzigen öffentlich zugänglichen Datensatz getestet wurde. [LZI+20]

Der Artikel konzentriert sich insbesondere auf die Entwicklung und Testung neuer IIoT-basierter Datensätze. Die Datensätze enthalten sowohl normale Sensormessdaten als auch verschiedene Arten von Angriffen auf IIoT-Anwendungen. Verschiedene Bewertungsmetriken wurden verwendet, um die Leistung von acht überwachten maschinellen Lernverfahren zusammen mit LSTM als Deep-Learning-Methode zum Zweck der Intrusion Detection unter Verwendung der vorgeschlagenen Datensätze zu bewerten. Die Ergebnisse der Bewertung haben gezeigt, dass die vorgeschlagenen Datensätze effizient genutzt werden können, um verschiedene maschinelle Lernverfahren für die anomaliebasierte Erkennungsforschung zu implementieren und zu trainieren. Das wichtigste Ergebnis der Bewertung war, dass Random Forest (RF) und Classification and Regression Trees (CART) die höchste Punktzahl in allen Metriken erzielten. [AMT+20]

Das Ziel dieser Forschungsarbeit ist die Analyse und Klassifizierung zur Erkennung von Anomalien in den IIoT-Systemen der kritischen Wasserinfrastruktur. Es wurde ein realer Datensatz von Rohsignalmessungen des IIoT-basierten cyber-physischen Teilsystems zur Speicherung und Verteilung von Wasser verwendet. Zur Klassifizierung der Anomalien wurden sechs Algorithmen für maschinelles Lernen verwendet. Darunter Logistic Regression, Linear Discriminant Analysis (LDA), K-Nearest Neighbor, Classification and Regression Trees, Gaußsche Naive Bayes (NB) und Support Vector Machine. Dabei erzielte der CART-Algorithmus die besten Ergebnisse für die Klassifizierung, basierend auf den Bewertungsparametern und Leistungsmetriken. [SHS+21]

Der Artikel befasst sich mit einem Ansatz für maschinelles Lernen zur automatischen Geräteidentifikation und Anomalieerkennung durch Netzwerkverkehrsanalyse in Smart Factories. Dabei wurden mithilfe überwachter und unüberwachter Lernverfahren verschiedene Arten von IIoT-Geräten identifiziert. Basierend auf der Geräteidentifikation wurde eine Merkmalsauswahl durchgeführt, um die Klassifizierungsleistung für die Erkennung von Anomalien zu verbessern. Mit den gesammelten realen Daten wurden verschiedene Arten von Geräten anhand ihres Netzwerkverkehrs effektiv erkannt, indem sie mithilfe Neural Networks klassifiziert werden. Danach konnten die emulierten Angriffe auf realen IoT-Geräten Angriffsmuster mit auf Decision Trees basierenden Algorithmen mit sehr hoher Genauigkeit effektiv erkennen. Die vorgeschlagene Methode zeigt großes Potenzial für den Ansatz maschinelles Lernen zur automatischen Geräteidentifikation und Erkennung von Anomalien in IIoT-Systemen zu verwenden. [THC+20]

Die Autoren nutzten ein realistisches IIoT-Testfeld, um mehrere Angriffs- und Verteidigungsstrategien umzusetzen und zu bewerten. Darüber hinaus wurden umfangreiche Experimente durchgeführt, um die Wirksamkeit der Abwehrstrategien gegen immer komplexere Datenintegritätsangriffe unter Kommunikationsrauschen unterschiedlicher Ebenen zu validieren. Dabei wurde ein Recurrent Neural Networks (RNN) mit LSTM zur Erkennung von Cyber-Bedrohungen in der Netzwerkinfrastruktur in IIoT-Systemen verwendet. Aufgrund seiner Speicherfähigkeit kann das RNN mit LSTM zur Lösung von Sequenzklassifizierungsproblemen verwendet werden. Dies liegt daran, dass das RNN mit LSTM Informationen sammelt, die aus früheren Beobachtungen extrahiert wurden, und die nächste Entscheidung basierend auf den historischen Beobachtungen anpasst. Somit kann RNN mit LSTM eine bessere Klassifizierungsgenauigkeit in Bezug auf die sequenzielle Datenklassifizierung liefern. [XYL+20]

2.4.2 Konzeptorientierte Methoden

In diesem Artikel wird ein Sicherheitsanalysedienst für kleine und mittelständige Unternehmen (KMU) für IIoT-Systeme vorgestellt. Dabei werden die Sicherheitsfunktionen durch Sicherheitsmodule ermöglicht und können flexibel durch verschiedene Analysetechniken instanziiert werden. Durch die flexible Gestaltung des Sicherheitsanalysedienst wird den Anforderungen spezifischer KMU Rechnung getragen. Letztendlich wird der Sicherheitsanalysedienst anhand eines realen Anwendungsfalls bewertet. Darüber hinaus wird beschrieben, wie maschinelle Lernverfahren in Sicherheitsmodule integriert werden können und welche Vorteile sich dadurch für die Cybersicherheit ergeben. [EP21]

Der Autor OYEKANLU schlägt eine kollaborative Rechenmethode unter Verwendung des Gaussian Mixed Model (GMM) vor, um Cybersicherheitsangriffe und Maschinenfehler im IIoT-System zu erkennen. Die GMM-Parameter werden zwar in der Cloud gelernt, doch die GMMs werden direkt auf den IIoT-Anwendungen implementiert. Auf den IoT-Geräten selbst werden die konstruierten GMMs dann zur Erkennung von Anomalien implementiert und können Cyber-Angriffe in IIoT-Maschinendaten erkennen. [Oye18]

Der Artikel beschreibt den aktuellen Status und die Tendenz von Angriffen von kinetischen Bedrohungen und Angriffen auf die IIoT-Cybersicherheit. Anschließend werden verschiedene kinetische Bedrohungen und reale Probleme erörtert. Es werden fünf Maßnahmen empfohlen. Unter anderem wird die Verknüpfung künstlicher Intelligenz (KI) und maschinelles Lernen (ML) mit Cybersicherheitslösungen vorgeschlagen. Da künstliche Intelligenz und maschinelles

Lernen Muster von Bedrohungen, Angriffen und böswilligen Aktivitäten effizient und genau suchen kann, sind die Autoren der Meinung, dass KI- und ML-basierte Cybersicherheitslösungen IoT-Schwachstellen und kinetische Bedrohung ergänzen. [Shi19]

2.5 Zusammenfassung und Überblick

An dieser Stelle der Arbeit werden die Ergebnisse der Literaturrecherche zusammengefasst und ein Überblick gegeben. Die 15 relevanten Quellen der Literaturrecherche wurden bereits im vorherigen Abschnitt 2.4 dargestellt. Zusammenfassend können zwei Arten von wissenschaftlichen Texten identifiziert werden. Die anwendungsorientierten Quellen untersuchen anhand wissenschaftlicher Experimente unterschiedliche Methoden und Verfahren wie Cyberangriffe und Anomalien in IIoT-Systemen durch Cognitive Computing erkannt werden können. Dabei werden unterschiedliche maschinelle Lernverfahren, wie Neural Networks, Support Vector Machines oder Logistic Regressions zur Intrusion Detection eingesetzt. Die vorgeschlagenen maschinellen Lernverfahren wurden entweder anhand realer, selbst erstellter oder öffentlich verfügbarer Testdatensätzen für IIoT-Systeme mithilfe geeigneter Leistungsmetriken evaluiert. Hierbei konnten die meisten maschinellen Lernverfahren gute bis sehr gute Ergebnisse bei der Testung auf verschiedenen IIoT-Datensätzen erzielen. Wohingegen die konzeptorientierten Literaturquellen vor allem Methoden und Ansätze beschreiben, wie aus theoretischer Sicht maschinelle Lernverfahren für den Einsatz im Cognitive IIoT für die Cybersicherheit implementiert werden können. Die Tab. 3 zeigt zusammenfassend das Ergebnis der Synthese. Dabei repräsentieren Harvey Balls den Grad, wie umfassend die behandelte Thematik Methoden im Cognitive IIoT für die Cybersicherheit in den jeweiligen Artikeln behandelt wurde. Eine leere Kugel symbolisiert, dass die Problemstellung nur kurz adressiert wurde. Eine Viertelkugel hingegen gibt an, dass Methoden im CIoT für die Cybersicherheit im industriellen Bereich nicht nur erwähnt, sondern in mehreren Sätzen erörtert wurden. Ein Halbkreis zeigt auf, dass die behandelte Thematik in mehreren Sätzen beschrieben wurde. Eine Dreiviertelkugel wurde dem Artikel zugewiesen, wenn die Methoden und Konzepte sowohl in mehreren Sätzen sowie mindestens an einem Beispiel beschrieben wurde. Wurden Methoden und Konzepte zum Einsatz von CIoT in der Industrie für die Cybersicherheit umfassend erläutert, wurde ein voll ausgefüllter Harvey Ball vergeben.

Tab. 3 Konzeptmatrix [WW02] bestehend aus aktuellen Methoden im Cognitive IIoT

Literatur	Art	Machine Learning-Methode und Konzepte											
		Neural Network	Hidden Markov Modell	Deep-Q Learning	Support Vector Machine	Logistic Regression	Random Forest	Gaußsche Naive Bayes	Classification and Regression Trees	Auto Encoder	Linear Discriminant Analysis	K-Nearest Neighbor	Sonstige Methoden und Konzepte
[AS19]	Δ	●								●			
[HLA+21]	Δ	●								○			
[KA20]	Δ		●										
[KK21]	Δ			●						●			
[Kru20]	Δ	●											
[LIZ+20]	Δ	●											
[SOF+19]	Δ	◐			◐	◐			◐	◐		◐	

Fortsetzung auf der nächsten Seite

Δ Anwendungsorientierte Ansätze
□ Konzeptorientierte Ansätze

○ Kurz erwähnt
◔ Kurz erwähnt und mehr als ein Satz
◑ Länger beschrieben
◕ Länger beschrieben mit Beispiel
● Ausführlich beschrieben

Tab. 3 Konzeptmatrix [WW02] bestehend aus aktuellen Methoden im Cognitive IIoT (Fortsetzung)

Literatur	Art	Machine Learning-Methode und Konzepte											
		Neural Network	Hidden Markov Modell	Deep-Q Learning	Support Vector Machine	Logistic Regression	Random Forest	Gaußsche Naive Bayes	Classification and Regression Trees	Auto Encoder	Linear Discriminant Analysis	K-Nearest Neighbor	Sonstige Methoden und Konzepte
[LZI+20]	△	●											
[AMT+20]	△	◔			◑	◑	◑	◑	◑		◑	◑	
[SHS+21]	△				◑	◑	◑	◑	◑		◑	◑	
[THC+20]	△	●											
[XYL+20]	△	◐											
[EP21]	□												◐
[Oye18]	□							●					
[Shi19]	□												◐

△ Anwendungsorientierte Ansätze
□ Konzeptorientierte Ansätze

○ Kurz erwähnt
◔ Kurz erwähnt und mehr als ein Satz
◑ Länger beschrieben
◕ Länger beschrieben mit Beispiel
● Ausführlich beschrieben

Kapitel 3

3. Diskussion, Zusammenfassung und Ausblick

Im vorherigen Kapitel 2 wurde eine systematische Literaturrechere durchgeführt, um den aktuellen Stand zu ermitteln, welche Methoden und Ansätze die wissenschaftliche Literatur bei Cognitive Internet of Things für die Cybersicherheit in der Industrie vorschlagen. Danach wurden insgesamt 15 Artikel extrahiert sowie anschließend eine qualitative Synthese durchgeführt. An dieser Stelle werden die Ergebnisse der Literaturrecherche diskutiert. Darüber hinaus werden die Erkenntnisse zusammengefasst und ein Ausblick gegeben.

3.1 Diskussion der Ergebnisse

Im Folgenden werden die Ergebnisse der Literaturrecherche diskutiert. Wie aus den Ergebnissen der Literaturrechere hervorgeht, kann die Literatur in verschiedene Ansätze von Cognitive Industrial Internet of Things unterteilt werden. Dabei ist festzustellen, dass weitaus mehr anwendungsorientierte als konzeptorientierte Literatur zu finden ist. Eine mögliche Erklärung hierfür ist, dass anwendungsorientierte Quellen einfacher evaluiert werden können. Quantitative Daten können meist leichter als qualitative Daten anhand geeigneter Leistungsmetriken bewertet werden.

Zur Bewertung der Genauigkeit sowie der Effizienz der vorgeschlagenen maschinellen Lernverfahren werden geeignete Datensätze benötigt. Die mangelnde Verfügbarkeit und Qualität realer Datensätze für IIoT-Systeme stellt jedoch ein großes Hindernis zur Bewertung maschineller Lernverfahren dar [AMT+20; LZI+20; SOF+19]. Lediglich SELIM ET AL. testen ihr vorgeschlagenes maschinelles Lernverfahren anhand realer Daten, die aus einem industriellen IoT-System extrahiert wurden [SHS+21].

Neural Networks eignen sich durch ihren stark verteilten Charakter sehr gut für die Bereitstellung in Hardware mit eingeschränkten Ressourcen und somit in IIoT-Sicherheitssystemen [LZI+20]. Nach HUMA ET AL. können Neural Networks problemlos auf Einplatinencomputer implementiert werden und erreichen zusätzlich eine hohe Energieeffizienz [HLA+21].

Die vorgeschlagenen Methoden auf Basis von Neutral Networks erreichen eine sehr hohe Genauigkeit bei der Erkennung von Anomalien in IIoT-Systemen [KA20]. Dabei wurde gezeigt, dass Neural Networks eine höhere Erkennungsrate als klassische maschinelle Lernverfahren erzielen [AS19]. Darüber hinaus erreichen die vorgeschlagenen Algorithmen auf Basis von Neural Networks im Vergleich zu anderen Deep Learning Methoden eine höhere Leistung zur Intrusion Detection [LIZ+20; HLA+21].

Potenziale für die Cybersicherheit durch den Einsatz von Cognitive IIoT kann auch damit entstehen, wenn Entwickler, Sicherheitsexperten und Betriebsteams bei der Erkennung von Cybersicherheitsbedrohungen zusammenarbeiten [Shi19]. Dabei sollten nicht nur die gewonnen Erkenntnisse (z.B. Erkennen, Reagieren und Wiederherstellen früherer Cyberangriffe) durch die maschinellen Lernverfahren, sondern auch die Expertise der Experten in das Cognitive IIoT einfließen [Shi19].

3.2 Zusammenfassung und Ausblick

In der Schlussbetrachtung erfolgt eine zusammenfassende Darstellung der gewonnenen Erkenntnisse sowie ein Ausblick für weitere Forschungen. Aufgrund der zunehmenden Digitalisierung entstehen in der Industrie hochkomplexer cyberphysische Systeme wie das Industrial Internet of Things. Diese vernetzten Systeme erhöhen die Angriffsfläche für potenzielle Cyberangriffe. Da bereits in der Vergangenheit maschinelle Lernverfahren zur Erkennung von Cyberangriffen erfolgreich waren, könnte das Cognitive Industrial Internet of Things zur Verbesserung der Cybersicherheit genutzt werden [AC18]. Die vorliegende Arbeit zielt darauf ab, Methoden im Cognitive Industrial Internet of Things für die Cybersicherheit zu untersuchen. Um die Forschungsfrage beantworten zu können, ist es von Bedeutung ein grundlegendes Verständnis für die Begrifflichkeiten herzustellen. Der Begriff Cognitive Computing beschreibt Systeme, die unter der Verwendung von maschinellen Lernverfahren kontinuierlich und selbständig durch gemachte Erfahrungen, den gesammelten Daten und der Interaktion mit Menschen lernen. Durch die Vernetzung unterschiedlicher Geräte sowie deren Interaktion und deren Datenaustausch untereinander entsteht das Internet of Things. Die Cybersicherheit umfasst größtenteils Abwehrmethoden, mit denen potenzielle Eindringlinge entdeckt und drohende Cyberangriffe vereitelt werden sollen. Bei der Planung der Literaturrecherche wird zunächst die Suchstrategie mit den Ein- und Ausschlusskriterien sowie den Schlüsselwörtern festgelegt. Danach erfolgt die Auswahl der Datenbanken sowie die Suche nach geeigneter Quellen. Nach der Vorauswahl und Selektion der Literatur erfolgt die Qualitätsbeurteilung sowie Datenextraktion. Die identifizierten Artikel können im Wesentlichen in zwei Kategorien unterteilt werden. Die konzeptorientierten Quellen beschreiben auf theoretischem Wissen Methoden und Ansätze im Cognitive IIoT für die Cybersicherheit. Bei den anwendungsorientierten Literaturquellen werden unterschiedliche maschinelle Lernverfahren auf IIoT-Datensätzen anhand geeigneter Leistungsmetriken evaluiert und gegenübergestellt.

Die gewonnenen Erkenntnisse lassen sich durch weitere Untersuchungen im Bereich der anwendungsorientierten Ansätze ergänzen. Eine Empfehlung für weitere Forschung ist daher die vorgeschlagenen ML-Methoden in IIoT-Systemen unter Realbedingungen zu testen. Hierzu sollten reale Datensätze verwendet und evaluiert werden, um herauszufinden, welche maschinellen Lernverfahren die besten Ergebnisse im Hinblick auf Genauigkeit und Effizienz erzielen. Darüber hinaus könnte erforscht werden, welche Potenziale die Einbeziehung von Experten, Sicherheitsforscher oder Entwicklern im Cognitive IIoT für die Cybersicherheit bietet. Hierzu könnte die Expertise dieser Personengruppen in selbstlernende Systeme ergänzt und zur Verbesserung der Anomalieerkennung in IIoT-Systemen genutzt werden.

Zusammenfassend weist diese Arbeit zwei Hauptbeschränkungen auf:

1. In dieser Arbeit wird sich auf Methoden im CIoT für die Cybersicherheit in der Industrie beschränkt. Dabei wird explizit die Consumer-Seite ausgeschlossen. Auch wird nicht analysiert, wie hoch diese Potenziale für die Cybersicherheit ausfallen.

2. Da es sich bei der behandelten Thematik noch um ein recht junges Forschungsgebiet handelt, existieren wenige Fachartikel. Somit kann das Themengebiet noch nicht umfassend analysiert werden.

In dieser Arbeit wurde gezeigt, dass unterschiedliche Methoden und Konzepte im Cognitive Industrial Internet of Things für die Cybersicherheit existieren. Maschinelle Lernverfahren wie Neural Networks bieten großes Potenzial zur Erkennung von Anomalien in IIoT-Systemen. Gleichzeitig erzielen Neural Networks höhere Erkennungsraten im Vergleich zu anderen maschinellen Lernverfahren. Auch andere maschinelle Lernverfahren wie z.B. Hidden Markov Modelle erreichen hohe Erkennungsraten. Die Cybersicherheitsforschung steht weiterhin vor der großen Aufgabe zu entscheiden, welche Methoden zur Intrusion Detection im Cognitive Industrial Internet of Things genutzt werden sollen, um die Cybersicherheit zu verbessern.

4. Anhang

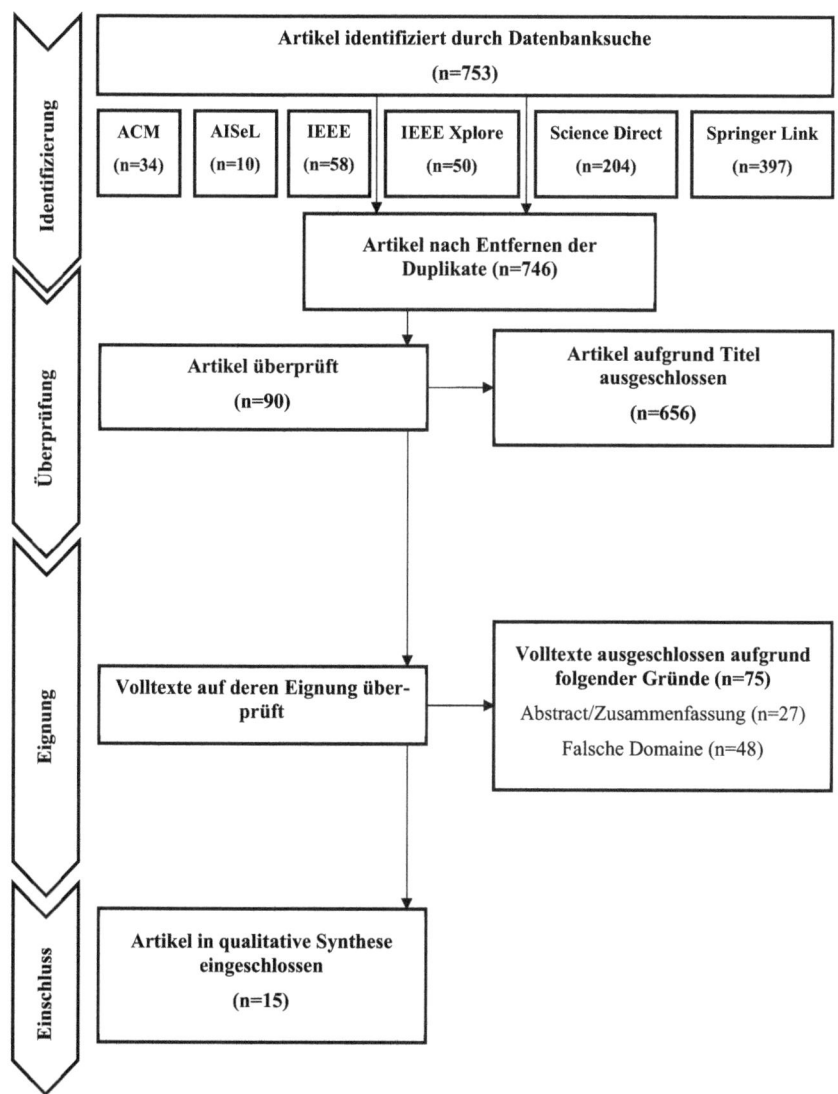

Abb. A 1 Detaillierte Ansicht Literaturrecherche angelehnt an PRISMA [RKW+21]

5. Literaturverzeichnis

[AC18]
Abeshu, Abebe; Chilamkurti, Naveen; *Deep Learning: The Frontier for Distributed Attack Detection in Fog-to-Things Computing*, in: IEEE Communications Magazine, 56, 2018, S. 169–175.

[AMT+20]
Alsaedi, Abdullah; Moustafa, Nour; Tari, Zahir; Mahmood, Abdun; Anwar, Adnan; *TON_IoT Telemetry Dataset: A New Generation Dataset of IoT and IIoT for Data-Driven Intrusion Detection Systems*, in: IEEE Access, 8, 2020, S. 165130–165150.

[AS19]
Al-Hawawreh, Muna; Sitnikova, Elena; *Industrial Internet of Things Based Ransomware Detection using Stacked Variational Neural Network*, in: , *Proceedings of the 3rd International Conference on Big Data and Internet of Things - BDIOT 2019*, New York, New York, USA, ACM Press, 2019, S. 126–130.

[BG03]
Brettle, A.; Gambling, T.; *Needle in a haystack? Effective literature searching for research*, in: Radiography, 9, 2003, S. 229–236.

[Bun20]
Bundesamt für Sicherheit in der Informationstechnik (BSI); *Die Lage der IT-Sicherheit in Deutschland 2020*, 2020, 2020, S. 1–87.

[Car19]
Carl von Ossietzky Universität Oldenburg; *Industrie: Intelligente Vernetzung von Produktionsabläufen und Maschinen*, 05.02.2019, http://www.informatik.uni-oldenburg.de/~iug18/iot/industrie.html.
Abgerufen am 17.04.2021.

[DEH11]
Demirkan, Haluk; Early, Seth; Harmon, Robert S.; *Cognitive Computing: Guest editors introduction*, in: Family Court Review, 49, 2011, S. 211–212.

[EF18]
Eriksen, Mette Brandt; Frandsen, Tove Faber; *The impact of patient, intervention, comparison, outcome (PICO) as a search strategy tool on literature search quality: a systematic review*, in: Journal of the Medical Library Association : JMLA, 106, 2018, S. 420–431.

[EP21]
Empl, Philip; Pernul, Günther; *A Flexible Security Analytics Service for the Industrial IoT*, in: Maanak Gupta, Mahmoud Abdelsalam, Sudip Mittal (Hrsg.), *Proceedings of the 2021 ACM Workshop on Secure and Trustworthy Cyber-Physical Systems*, New York, NY, USA, ACM, 2021, S. 23–32.

[Fed20]
Federal Office for Information Security; *Third edition of the Franco-German commonsituational*, 2020, 2020, S. 1–20.

[GA00]

Gash, Sarah; Aldershot, Gower; *E4ective literature searching for research: (2nd Edition.)*, in: International Journal of Information Management, 2000, S. 405–408.

[GQ20]

Gupta, Brij; Quamara, Megha; *Internet of things security: Principles, applications, attacks, and countermeasures*, Boca Raton FL. CRC Press, 2020.

[Har14]

Hart, Chris; *Doing a literature review: Releasing the social science research imagination*, London. SAGE, 2014.

[HLA+21]

Huma, Zil E.; Latif, Shahid; Ahmad, Jawad; Idrees, Zeba; Ibrar, Anas; Zou, Zhuo; Alqahtani, Fehaid; Baothman, Fatmah; *A Hybrid Deep Random Neural Network for Cyberattack Detection in the Industrial Internet of Things*, in: IEEE Access, 9, 2021, S. 55595–55605.

[KA20]

Khan, Mohammad Ayoub; Abuhasel, Khaled Ali; *An evolutionary multi-hidden Markov model for intelligent threat sensing in industrial internet of things*, in: The Journal of Supercomputing, 2020, S. 6236–6250.

[Kem03]

Kemmerer, R. A.; *Cybersecurity*, in: Lori Clarke (Hrsg.), *25th International Conference on Software Engineering, 2003. Proceedings*, IEEE, 2003, S. 705–715.

[KK21]

Khowaja, Sunder Ali; Khuwaja, Parus; *Q-learning and LSTM based deep active learning strategy for malware defense in industrial IoT applications*, in: Multimedia Tools and Applications, 80, 2021, S. 14637–14663.

[Kru20]

Krundyshev, V. M.; *Identification of Cyber Threats in Networks of Industrial Internet of Things Based on Neural Network Methods Using Memory*, in: Automatic Control and Computer Sciences, 54, 2020, S. 900–906.

[Kul20]

Kulesza, Joanna; *Cybersecurity*, in: Laurie A. Schintler, Connie L. McNeely (Hrsg.), *Encyclopedia of Big Data*, Cham, Springer International Publishing; Imprint: Springer, 2020, S. 1–5.

[LIZ+20]

Latif, Shahid; Idrees, Zeba; Zou, Zhuo; Ahmad, Jawad; *DRaNN: A Deep Random Neural Network Model for Intrusion Detection in Industrial IoT*, in: , *2020 International Conference on UK-China Emerging Technologies (UCET)*, IEEE, 2020, S. 1–4.

[LZI+20]

Latif, Shahid; Zou, Zhuo; Idrees, Zeba; Ahmad, Jawad; *A Novel Attack Detection Scheme for the Industrial Internet of Things Using a Lightweight Random Neural Network*, in: IEEE Access, 8, 2020, S. 89337–89350.

[MED17]

Mezghani, Emna; Exposito, Ernesto; Drira, Khalil; *A Model-Driven Methodology for the Design of Autonomic and Cognitive IoT-Based Systems: Application to Healthcare*, in:

IEEE Transactions on Emerging Topics in Computational Intelligence, 1, 2017, S. 224–234.

[MM20]
Mahmood, M. Rezwanul; Matin, Mohammad A.; *Current Research Trends on Cognitive Radio Based Internet of Things (IoT)*, in: Mohammad A. Matin (Hrsg.), *Towards cognitive IoT networks*, 2020, S. 5–18.

[Neu17]
Neugebauer, Reimund; *Digitalisierung*, Berlin, Heidelberg. Vieweg, 2017.

[OHA20]
Osifeko, Martins O.; Hancke, Gerhard P.; Abu-Mahfouz, Adnan M.; *Artificial Intelligence Techniques for Cognitive Sensing in Future IoT: State-of-the-Art, Potentials, and Challenges*, in: Journal of Sensor and Actuator Networks, 9, 2020, S. 21.

[OS09]
Okoli, Chitu; Schabram, Kira; *Protocol for a systematic literature review of research on the Wikipedia*, in: Nicolas Spyratos, Epaminondas Kapetanios, Agma Traina (Hrsg.), *Proceedings of the International Conference on Management of Emergent Digital EcoSystems - MEDES '09*, New York, New York, USA, ACM Press, 2009, S. 155–160.

[Oye18]
Oyekanlu, Emmanuel; *Osmotic Collaborative Computing for Machine Learning and Cybersecurity Applications in Industrial IoT Networks and Cyber Physical Systems with Gaussian Mixture Models*, in: , *2018 IEEE 4th International Conference on Collaboration and Internet Computing (CIC)*, IEEE, 2018, S. 326–335.

[PBB18]
Ploennigs, Joern; Ba, Amadou; Barry, Michael; *Materializing the Promises of Cognitive IoT: How Cognitive Buildings Are Shaping the Way*, in: IEEE Internet of Things Journal, 5, 2018, S. 2367–2374.

[PD19]
Patel, Chintan; Doshi, Nishant; *Security Challenges in IoT Cyber World*, in: A. E. Hassanien, M. Elhoseny, S. H. Ahmed, A. K. Singh (Hrsg.), *Security in Smart Cities: Models, Applications, and Challenges*, 2019, S. 171–191.

[PSP18]
Pijush Kanti, Dutta Pramanik; Saurabh, Pal; Prasenjit, Choudhury; *Beyond Automation: The Cognitive IoT. Artificial Intelligence Brings Sense to the Internet of Things*, in: Arun Kumar Sangaiah, Arunkumar Thangavelu, Venkatesan Meenakshi Sundaram (Hrsg.), *Cognitive Computing for Big Data Systems Over IoT*, Cham, Springer International Publishing, 2018, S. 1–37.

[Rho11]
Rhoades, Ellen; *Literature Reviews*, in: The Volta Review, 111, 2011, S. 61–71.

[Rid12]
Ridley, Diana; *The literature review: A step-by-step guide for students*, 2. Auflage, Thousand Oaks, CA. Sage Publications, 2012.

[RKW+21]
Rethlefsen, Melissa L.; Kirtley, Shona; Waffenschmidt, Siw; Ayala, Ana Patricia; Moher, David; Page, Matthew J.; Koffel, Jonathan B.; *PRISMA-S: an extension to the PRISMA*

Statement for Reporting Literature Searches in Systematic Reviews, in: Systematic reviews, 10, 2021, S. 1–19.

[RS04]
Rowley, Jennifer; Slack, Frances; *Conducting a literature review*, in: Management Research News, 27, 2004, S. 31–39.

[Sat16]
Sathi, Arvind; *Cognitive internet of things: Collaboration to optimize action,* New York. Palgrave MacMillan, 2016.

[Sch15]
Schryen, Guido; *Writing Qualitative IS Literature Reviews—Guidelines for Synthesis, Interpretation, and Guidance of Research*, in: Communications of the Association for Information Systems, 37, 2015, S. 286–325.

[Shi19]
Shim, Jung P.; *Cyber-physical Systems and Industrial IoT Cybersecurity: Issues and Solutions: Emergent Research Forum (ERF) Paper*, in: , *25th Americas Conference on Information Systems, AMCIS 2019, Cancún, Mexico, August 15-17, 2019,* Association for Information Systems, 2019, S. 1–5.

[SHS+21]
Selim, Gamal Eldin I.; Hemdan, E. El-DinZ.Z.; Shehata, Ahmed M.; El-Fishawy, Nawal A.; *Anomaly events classification and detection system in critical industrial internet of things infrastructure using machine learning algorithms*, in: Multimedia Tools and Applications, 80, 2021, S. 12619–12640.

[SK20]
Shreyas, J.; Kumar, S. M. Dilip; *A Survey on Computational Intelligence Techniques for Internet of Things*, in: Jagdish Chand Bansal, Mukesh Kumar Gupta, Harish Sharma, Basant Agarwal (Hrsg.), *Communication and Intelligent Systems: Proceedings of ICCIS 2019,* Singapore, Springer Singapore, 2020, 271-282.

[SOF+19]
Smache, Meriem; Olivereau, Alexis; Franco-Rondisson, Thibault; Tria, Assia; *Autonomous Detection of Synchronization Attacks in the Industrial Internet Of Things*, in: , *2019 IEEE 38th International Performance Computing and Communications Conference (IPCCC),* IEEE, 2019, S. 1–9.

[SPS+15]
Sehgal, Vivek Kumar; Patrick, Anubhav; Soni, Ashutosh; Rajput, Lucky; *Smart Human Security Framework Using Internet of Things, Cloud and Fog Computing*, in: Rajkumar Buyya, Sabu M. Thampi (Hrsg.), *Intelligent distributed computing,* Cham, Springer, 2015, S. 251–263.

[THC+20]
Tien, Chin-Wei; Huang, Tse-Yung; Chen, Ping Chun; Wang, Jenq-Haur; *Automatic Device Identification and Anomaly Detection with Machine Learning Techniques in Smart Factories*, in: , *2020 IEEE International Conference on Big Data (Big Data),* IEEE, 2020, S. 3539–3544.

[TS17]
Thames, Lane; Schaefer, Dirk; *Industry 4.0: An Overview of Key Benefits, Technologies, and Challenges*, in: Lane Thames, Dirk Schaefer (Hrsg.), *Cybersecurity for industry 4.0:*

Analysis for design and manufacturing, Cham, Springer International Publishing, 2017, 1-33.

[vSN+09]
vom Brocke, Jan; Simons, Alexander; Niehavey, Bjoern; Reimer, Kai; Plattfau, Ralf; Cleven, Anne (Hrsg.); *RECONSTRUCTING THE GIANT: ON THE IMPORTANCE OF RIGOUR IN DOCUMENTING THE LITERATURE SEARCH PROCESS*, 2009.

[WFW13]
Wolfswinkel, Joost F.; Furtmueller, Elfi; Wilderom, Celeste P. M.; *Using grounded theory as a method for rigorously reviewing literature*, in: European Journal of Information Systems, 22, 2013, S. 45–55.

[Wic20]
Wichum, Ricky; *Cybersecurity*, in: Dawid Kasprowicz, Stefan Rieger (Hrsg.), *Handbuch Virtualität*, 1. Aufl., Wiesbaden, Ipswich Massachusetts, Springer Fachmedien Wiesbaden; Imprint: Springer VS; EBSCOhost, 2020, 699-680.

[WW02]
Webster, Jane; Watson, Richard T.; *Analyzing the Past to Prepare for the Future: Writing a literature Review*, in: MIS Quarterly, 2002, S. 13–23.

[XYL+20]
Xu, Hansong; Yu, Wei; Liu, Xing; Griffith, David; Golmie, Nada; *On Data Integrity Attacks against Industrial Internet of Things*, in: , *2020 IEEE Intl Conf on Dependable, Autonomic and Secure Computing, Intl Conf on Pervasive Intelligence and Computing, Intl Conf on Cloud and Big Data Computing, Intl Conf on Cyber Science and Technology Congress (DASC/PiCom/CBDCom/CyberSciTech)*, IEEE, 2020, S. 21–28.

[YT06]
Yair, Levy; Timothy, J. Ellis; *A Systems Approach to Conduct an Effective Literature Review in Support of Information Systems Research*, in: Informing Science: The International Journal of an Emerging Transdiscipline, 9, 2006, S. 181–212.